歸路

신길수 제10시조집

인지
생략

들꽃시선 104

歸路

2009년 02월 10일 초판인쇄
2009년 02월 15일 초판펴냄

지은이/신길수

펴낸이/문창길

펴낸곳/도서출판 들꽃
주 소/100-273 서울 중구 필동3가 21-8 서울캐피탈빌딩 B202호
전 화/02)2267-6833, 2273-1506
팩 스/02)2268-7067
출판등록/제5-313호
E-mail:dlkot108@hanmail.net

값 7,000원
* 파본된 책은 바꾸어 드립니다.

ISBN 89-89607-127-9 04810
ISBN 89-951327-0-1 (세트)

들꽃시선 104

歸路

신길수 제10시조집

제 집으로 찾아가는 귀로길 나그네
산도 넘고 바다도 넘고
서서히 낯익은 고향 들어설 고향이다

동구밖 반기는 동네 사람 그 얼굴들
변한 것 허구한데 고향산천 그 때 그 산천
옛집을 찾아온 사람 귀롯길의 행복이다

해후의 여운 속에 긴 세월 시름도 없고
인연 따라 윤회 찾아 새 희망도 불러 준 곳
인생길 귀롯길 따라 평화의 집 여기 아닌가

歸路

묶음 하나 : 어머니의 손

묶음 둘 : 겨울 동산

묶음 셋 : 산길에 오르며

묶음 넷 : 잊어버린 꿈

묶음 다섯 : 歸路

묶음하나

어머니의 손

먼동이 트면

첫 새벽 닭울음 소리
어둔 길을 헤치거니

여명의 빛
자분자분
동향으로 방향을 둔다

활화산
훠얼훨 타오르면
어미 소 먼저 소리한다

정한 빛깔기
새록새록 돋거니와

사철 가꾸어 온 꽃밭
먼동 트면 향기롭고

영혼이 꿈틀거리며

길을 밝게 밝힌다

낙원

한가닥 소원을 끄셔
빛다발 널고자 한다

홍겨운 아침이면
새싹
숨결 어루고자 한다

울안을 가즈런히 세워
꿈의 불씨 태운다

어머니의 기도

그리도 못잊어서
밤으로 눈물 태우고

그믐밤 깊은 사슬에
묶여 속앓이 하고

산신당 빈 뜰에 서서
두 손 모으고 있습니다

우시는지
웃으시는지
사념에 차오르고

여자의 운명을
밀고
끌고
어루만지고

꿈 두고 온 몸을 다져
정성으로 모으십니다

달빛 서정

자주빛 사랑을 얹자
온 몸을 달빛에 걸자

길고 오랜 바램을 몰아
손 잡고 길을 가자

목소리 정으로 타면
하얀 손수건 흔들자

달 · 1

어머니 가슴보다
더 부풀은 원형인데

무심천 쓰다듬고
빈 가지에도 걸리는데

측은한 몸매를 두고
뉘엿
뉘엿
가는 길

달 · 2

내 삶의 뒤란으로
와서
서성여도 좋다

옥토끼 손자욱에
걸려
떨어도 좋다

순이의 초라한 얼굴
모름지기
감아도 좋다

망해사 뜰에서

만경강 굽이쳐 온
저 물줄기 끝에 걸려
때로는 느티목 흔들고
오뇌에 떨기도 하고
천년의 세월을 감아
풍경 제 홀로 울게 한다

엄나무 길섶을 누벼
손 끝은 얼얼하고

바위돌 둘레마다
옛 시절을 엮자는데

어디서 들리는 것인가
인고에 서린
저 회한

옛 자리 · 1

전신을 흔들어서
산정은 구름 지나고

흔적은 안개처럼
머물다 떠도는데

정상에 얹혀 있는 노송
가는 세월을 달랜다

태초에 묻어 놓았던
숨소리
여태 살아서

간혈이 쏟아지는
잔해로 남은 영혼

인고의 세월이 아픈가
아마 쉽게 덧나는가

옛 자리 · 2

지는 달 그림자 늘여
박꽃 희거니와

문명의 텃밭에
와르르 밀린 태고

조락의 빛무더기가
사슬에 묶여 있더라

꿈의 자리

정토에 쌓인 정
자랑 삼아 다스리자

금빛
은빛 짜 늘여
풍정도 곱게 걸고

창넘는 꽃빛 시샘을
끌어 앉고 노닐자

그렇듯
사무친 자리
멀리서도 바라보자

남향에 걸린 빛살
댕그라이 울리면은

속마음 낱낱이 솎아

청결하게 가꾸자

어머니의 손

오랜 날 묻어 두고
살아 온 것
무심해서

눈금만한 시선 저 쪽
다소곳 응시하면

어머니 손끝이 희게
인고의 날을 부릅니다

지긋이 눈을 감고
당신 품안을 봅니다

매서운 시절을 불러
뒤란을 돌아 보면

여태도 남은 시름이
사랑으로 웁니다

오월의 길섶

봄강물 녹듯이
홀로 꿈 꿀 때면

짐짓 사무치는
회억의 갈피를 돌아

그렇듯 맑은 풍장이
고동치고 있습니다

풍정을 걸어 두고
학은 나래를 펴고

해오라기 앉은 자리
물총새도 같이 놀고

아카샤 향즙이 널려
길마다 다습씁니다

청기와

청기와 한 조각에
천년의 회한을 얹어

꽉 짜면 핏물이듯
뚜욱뚝 떨어지고

여태도 병앓음처럼
풍경 소리만 서글프다

말발굽 소리 높인
옛 서울 부여인데

청사 한줄기가
무지개 빛 띄우더니

밤바람 스산함 따라
서글픔을 알린다

슬픈 찬가

사념의 창살을 밀고
성애 낀 옛날을 본다

눈물이 그림자 띄워
사랑을 부르는데

벽오동 넓은 잎마다
얼룩져 온
목숨이여

사랑 그 이후

속살
하얗게 베인
꿈의 뒤란을 보자

새록새록 돋아난
해말간 눈빛을 보자

풀각시 쪽도리 끝에
서리서리 얽힌 정

달맞이 나선 자리
숲인가
그 위에 앉아

빛고운 눈빛 하나
초롱초롱 영글더니

금이의 눈웃음 젖어

솜사탕처럼 녹는다

사랑에게

꽃빛
타 올라라
핏자욱도 남기거라

불꽃처럼
궁그리며
속살 들어내거라

현란한 빛깔기 따라
골골마다 덧내거라

자학

농간인가
시샘인가
속박의 세정인가

한 번은 울어버린
저 넘어 울안의 사랑

허무한 눈흘김 하나
왜 고샷길을 쓰는가

세속의 흠이 넘쳐
넉마처럼 나부끼고

가슴앓이 깊을수록
손마디도 애리는데

두 손을 모아 놓고서
기원할 힘이 없다

산길을 오르면서

구겨진 세월의 저 편
부서진 것
무엇인가

빛깔을 나꿔 채면
비웃음만 무성하고

저 산사 풍경소리나
눈여겨 볼거나

은편 쏟아진 뜰
여태도 눈부신데

말갛게 번진 빛깔
찬서리에 묻히거니

한줌의 시름이 덧나
밤은 오래 아프다

포장마차

이따금 뒹구는 사념
쌓이면 찾아가자

숱한 연민의 정
풀면서 나눠보자

꿈자리 빼앗긴 뒤에도
푸념삼아 노래도 하자

조용히 밀리는 것
정이든
정의 부스럼이듯

조아려도 좋거니
나누어도 좋을거니

밤바람 여미고 앉아
소주 한 잔을 기울이자

청자

파란 이마 위에
연꽃 무늬 숨결 놀고

청사 끓어 앉고
함초롬이 돋은 넋

푸르게 강이 흐른다
사랑도 같이 흐른다

묶음 둘

겨울 동산

사뇌가

반듯이
오리라 하든
약속을 남긴 자리

형상도
물 흐르듯
씻겨난 자리인데

비둘기 공중을 떠돌며
지나간 빈 자린가

해저문 날 들쑤시는
내 뇌리의 끝자락에

달빛 하얗게 젖어
서러움을 나르거니

되씹은 꿈의 내란이

창백하게 놀랜다

그리움의 찬가

연자주 빛살 무늬
마주 치는 자리였다

밤지펴 따숩은 정취
춤사위에 얹어 두면

아슴한 노래 자락에
목메이는 소리였다

돌아 와 부르면
저만치 밀리어 가고

철늦은 자리에 서서
정취만 쓸어 안으면

그림자 제 홀로 와서
밤피리만 불었다

명상시첩 · 1

한 잔 술 기울이면
사랑으로
그대 얼굴을 담자

조각진 달그림자
따라가
잡아도 보자

한 밤의 시름진 연주도
감치도록 풀어 놓자

강을 건넜을까
바삐도 가는 세월

꽃물 젖어 붉었던가
깊은 밤을 지새는 사랑

선술집 창 틈사이로

비는
주룩주룩 내린다

명상시첩 · 2

원죄의 물음이 있어
눈물은 아름답고

분비물 아직 남아
닦아내는 하루인데

허기진 세월이 있어
종일 앓고 있습니다

상한 나무 가지에
바람은 머물고 있고

골몰히 묻는 시름
끝내는 허망인데

바램도 사시목처럼
흔들대고 있습니다

혼자 핀 들꽃

가두어 논 사랑보다
차라리 절망을 꽂고

한 쪽은 가시로 돋아
옛날을 그리워 하고

저만치 뜰 저편에서
홀로 돋은
꽃이여.

비집고 들어서면
뭇 꽃과 멀리하고

때로는 청초하게
때로는 흰머리 감고

고개를 흔든다든가
가시 새우고

있는 꽃

노래

구름도
돌돌 말고
새파란 꽃잎도 보고

사무침이 덧나거든
차라리 아픔으로

흘러간 세월을 물어
노랫가락에 얹는다

모처럼 손 잡고 싶어
부르는 사람을 두고

떠난 것 탓하면서
콧노래 부르지만

해질녘 언덕 저 편에
비는 내리고 있구나

산꽃 서정

설마 잡을까
두려운 이야기 두고

온 몸을 붉히면서
묵묵히 바라보면

별 하나
꽃속에 스며
반짝이고 있구나

보랏빛 연서를 보낸
저 순은의 빛살인데

산자락 쓸고 내려
화려한 춤이거니

사랑이 갈수록 깊이
붉게 타고 있구나

가을 산가

그을린 햇살마져
그리워 부르는 자리

하도 서러워서
눈물 찔끔 흘리면은

억세풀 시름 묻어서
제 홀로 날리고 있다

누우런 잎새마다
찬이슬 얼리더니

시샘에 차오는 바람
길을 닦고 있었니라

어젯밤 꿈자락 끝에
앉아 놀던
고향이여

겨울 동산

돌아 와
산바람 타도
꽃의 향기는 없다

매마른 들판엔가
정취만 남아 떠도는데

까맣게 타 들어간 자리
비파음만 떠돈다

잡풀 무성하듯
아픔만 자라고 있고

마침내 굳어버린
내 꿈
내 사랑 가고

어둠이 그을린 자리

하얀 눈만 나린다

삭막한 길

박꽃
희게 얹힌
초가 지붕을 보자

눈짓도 있을까 싶어
촌락을 누비는데

흰구름 지나간 뒤에
빈 자리 꿰 뚫는 정

여기서 불러봐도
긴 여정 끝이 없고

무심만 떨쳐대는
허무의 자락인데

그 환한 봄날을 잃어
길을 갈 수 없다

환상연습 · 1

실개천
물소리마다
시름시름 앓는 소리

종이배 띄워 놓고
절망마저 실어 나르고

몇굽이 요동친 뒤에
옥피리라도 부를까

눈 감고
손꼽자면
보이는 사람이 있어

기약없이 떠난 사람
부르고
또 부른다

원망을 한아름 안고
그리운 날은 가고 있다

환상연습 · 2

상흔이 베인 자리
골 깊게 패인 자리

그렇듯
속절없이
세월을 쓸어 안고

금물살 가로 지르며
굽이굽이 흐른다

소리없이 왔다가
소리 없이 지나는 것

유장의 세월 속에
한도
삶으로 엮고

지는 듯

가는 세월을
물끄럼이 바라본다

환상연습 · 3

그의 이름
한 번쯤
서둘러 부르고 싶다

설화의 한 모서리에
꽃으로 피우고 싶다

한 겨울
추운 바람이
옷깃엔 듯 스민다

사념은 사념끼리
맞잡아 엮어 보자

풍설에 찌든 세월
발을 짜 늘여보자

춤이면

고운 숨마디
모아 놓고 추워보라

비탄의 강

오래고
긴 시름
서러움의 덫에 채여

비원도 쓸어 안고
절절
흐르는 노래

신음이 뜰을 쓰는가
바람 같이 노는가

서산의 붉은 노을
어차피
애처로운 것

차라리
휘감은 사랑
복받쳐 울부짖고

난간에 걸린 바람이
추락하고 마는 것

무정의 시

번뇌가 하늘에 닿아
움크린 채 앉았습니다

십일월 저무는 날
잎 지는 뜰에 있습니다

영막을 두드리는 소리
절망 앞에 이르릅니다

한 폭의 수채화가
골짜길 누비었거니

회한도 세월이 차서
사무쳐 지나거니

물굽이
굽이쳐 온 날
무정 끓고 있습니다

고산천

고산천 굽이 돌아
청정수 흐르거니

암벽을 쓰다듬다
하얀 풍속 태우거니

산울림 골짜기마다
쓸어대고 있구나

때로는 금류로 흘러
가는 길 서두리고

기폭일 듯
노여움처럼
소리 높혀 흘러가거니

산적적 적적한 길을
홅아내고 있구나

월명암 오르며

억세풀 덤불로 있고
맹감잎 무성하고

칡넝쿨 다대다대
얽힌 정 묶어 두고

적적한 생각을 끌고
오솔길을 오른다

어디선가
물소리 높이
빈 공간을 떠도는 곳

유람의 세월 불러
무심을 나누는 곳

절망을 앞에 세우고
그 뜻을 묻기로 한다

섬진강

이 울안 물줄기 따라
전설을 찾으려 왔다

소리없이 왔다가
조용히 여민 물소리

목마가 제 서름 겨워
흐느끼고 있는가

정적이 여울물에
떴는가
흐르는가

달빛이 유현에 차서
물가에 오르는가

강바위 모서리쯤에
철꽃은 앉아

울고 진다

소라산 풍경

그 푸른 마디 하나
잔솔밭에 숨어서 울고

세시의 풍속에 얼린
그림자 하나 또 뜨면

여미듯
떠나는 정이
시름겨워 있구려

애원도
갈망도
풍설에 묶인 사랑도

차가운 입김처럼
바람처럼 밀리더니

댕그랑

풍경 소리가
골짜기를 쓸더라

숨어서 우는 사랑

길고
오랜 날
물빛
유장인데

고요가 엎드린 자리
가만히
웃는 사랑

물굽이 굽이쳐 온다
피리 소리로
울어 온다

묶음셋

산길에 오르며

만경강의 꿈

만경강 언저리
달은
환히 떠오르고

축대 쌓아 올린
자리에
긴 그림자 놀아댄다

돌아라
열화로 탄 사랑
풍차처럼 돌아라

향수

닿을 듯
가까운데
그리움만 번져가고

손짓
몸짓도
흔들어도 빈 자리

시렁에 올린 보물이
잡힐 길
아주 멀다

인동꽃

인동의 세월이 있어
맺혀 온 날들인 걸

안으로 쓸어 안으면
바람도 시샘에 찬걸

빈 손을 부벼대지만
영겁으로 떠는
삶.

가끔은 부르고 싶어
힘을 모아도 보고

그의 이름 외우려도
좀체 열 수 없다

녹힐 정
수런댈 날이

언제 찾아 올 건가

화장품

곱고 이쁜 얼굴색
갈채의 늪이라 했다

향수며
그 빛깔
쓸어 담는 담청색

적시는 사랑의 미학
끌어 앉은
꽃떨기

누비면 누빌수록
잔잔한 전율인데

숨결 마디마디
스며드는 풍장인데

사랑을 구걸할 뜻이면

얼굴 붉혀 앉아라

꽃

목숨을 던져서라도
향기로 다가가는

투신의 몸자세는
가이 황홀이다

정지된 흔적을 두고도
끝내는
찬란한 넋

시드는 악수

싸릿대 엮어 세운
시골 집 문전에서

세월보다 앞서 간
말갛게 베인 상흔

북풍이 몰아치는 날
들끓는 아픔이다

밀리고
지나간 자리
헛웃음만 맴돌거니

맞잡은 손짓마다
적요만 젖어 홍건커니

휘갈긴
연륜의 치아

많이 솟아 있었다

이별의 연주곡

침묵은 크면 클수록
그리움은 꽃으로 핀다

흘러
흘러서 온다
눈물은 서운해 운다

까맣게 핏기 젖으면
그때도 같이 울게 하자

사랑은 약속을 잃고 회한에 사무쳐 온다
심지 돋우면서 불밝히면 아우성친다
상심이 너무 무거워 밤은 깊어 있더라

강

한떨기 미소처럼
돋은 꽃처럼

한달음에 달려가서
물이랑
물빛을 띄워

포근한 품안 열고서
쓸어안고 싶구나

가다가 피곤한 일
여기서 씻으면 된다

놀빛
떠 오르면
그냥 서성이면 된다

사는 것

서러워 지걸랑
그냥 와서 거닐자

유년의 창

참 오랜만에 만난 우리들의 기억을 줍자
하나씩 헤집으면 빌빌 돌아가는 빛살
그 맑은 빛살무늬를 끌어 안고 노닐자

정보다 다정한 것
또 있다 하겠는가

화롯불 지피면서
나뉜 옛 이야기

유년의 서광이 어린다
풀잎처럼 돋는다

산사에서

정좌한 노승 한 분이
세속의 냄새 닦고

풀냄새 풍기면서
산꽃 풀어 논 자리

두려운 발걸음으로
그 울안에 들어서자

속박이 물든 흔적
우짖는 소릴 닦자

향불 사르듯이
음계 띄워 그 소리 듣고

바람이 넉넉이 불면
그때 같이 얼리자

산길에 오르며

사념의 색등을 켜고
서둘러 출범하자

무엇이 외로운지
심령을 궁글리자

달래고
닦는 마음을
정갈하게 가꾸자

울창한 숲이 있거든
숲길을 가꾸며 살자

세월이 굽이쳐 오면
산길을 닦아 놓고

몇 해가 지나더라도
천연한 삶을 가꾸자

꿈의 자리 · 1

꽃처럼 피어오른
별을 셀까
별을 딸까

오롯이 돋은 빛깔기
돌돌 말아
탑을 쌓을까

영막이 가늘게 떨면
아,
사랑으로 태울까

수채화 번진 자리
매일같이 다스리고

한 울안
한 자리를
열린 마음 고르면서

그 영속 그을린 빛살
얼려 놓고 살까

꿈의 자리 · 2

꽃들이 피어난 곳
다소곳이 기웃대면

뜻모를 속삭임이
발을 짜 느리는데

지향도
지표도 세워
큰 강을 열으랴

꿈의 자리 · 3

꿈의 빛깔 낚고자
눈을 감아 봅니다

그 자리에 집을 짓고
꿈의 터 가꿉니다

가늘게 떨려나는 것
기쁨 서리게 합니다

빛깔 곱게 여미어
감기도록 가꿉니다

강기슭이나
산모퉁
꽃을 피우게 합니다

새 날이 동트는 자리
꿈길 걸어 갑니다

꽃과 사랑

꿈을 껴 안을까
씨알 하나 남길까

금빛 이마마다
끌어 당길 힘을 키울까

섬광이 쬐이는 자리
한 울안의 사랑이여

희디흰 마디마다
꽃은
홍건히 젖고

한꺼번에 피우는 꽃
제 몸을 태우는데

뜰마다 별이 앉는다
햇살도 고인다

장미꽃 연정

약속의 땅
타오름 두고
그 이름을 부르고 싶다

핏물 베인 강물처럼
태양의 주문처럼

한 여름 타오르는 햇살
끌어 안고 놀고 싶다

꼬옥 쥐면
목숨의 체혈
작아 지는가
부푸는가

꽃숨 터지는 소리
열광의 반란인데

산불이 강물처럼 번져
넘쳐나고 있었다

병상 기원

속절없이 왔다가
야위워 가는
열꽃 하나

소리없이 흐느낀다
빈 땅에서 운다

나란히 뒤집힌 아픔
사무쳐서 앓던가

모진 날 쓸리도록
손을 잡아 주오

천천히
혹은 빠르게
환상의 날 불러 주오

서러운 약속의 땅을

다스리게 해 주오

꿈 깬 뒤에

꿈 깬 뒤란에
허망을 실은 바람 소리

자못 설레이지만
잡힐 듯 사라져 가고

그리움 눈덩이처럼
하얗게 베여 노닌다

언젠가 불러 보았던
뼈에 사무친 사람

찢기고 할퀸 자리
혈즙만 물드는데

조각난 생각의 끝에
실바람만 엉킨다

갈밭에 숨은 들국화

갈숲 앙상한 가지
그 틈새에 숨어서

무엇이 부끄러워
서러운 얼굴을 하고는

차라리 아픔을 불러
동행하고자 하는가

가녀린 몸매를 두고
쓸어 안 듯
흐느끼고

목숨을 가두면서
열망에 타는가

숨어서 내 품는 향기
갈숲 헤쳐 지난다

꽃밭 소묘

꽃길이면 꽃향기
찍어 바르고 놀면 한다
꽃술보다 붉게 탄
금이 입술을 고르면 된다
가슴을 쓸어 안으면서
오랫도록 사랑을 하자

사금파리 하나라도
챙기면
동화가 살고

넉넉한 마음으로
집도 짓고
가꾸며 살자

동행할 사람이 있으면
펄펄 넘친
꽃밭을 보게 하자

묶음 넷

잊어버린 꿈

잊어버린 꿈

까마득한 빛줄기,
빛줄기가 내리고 있다

한꺼번에 밀리면서
바람 젖어들고 있다

엊그제 만난 슬픔이
풀더미처럼 쌓인다

물소리
구름 따라
아우성쳐 내리는데

이미 묻혀버린
몇 사람의 눈물이 젖고

허망의 긴 꼬리끝이
제 홀로 헤매는가

달빛 소묘

물새 앉아 놀던
그 자리에 왔습니다

누이의 언 손이
피가 배인 옛날을 놓고

부르고 또 부르는데
달만 떠 오릅니다

조용히 귀를 기울이면
하나씩 달빛에 돋고

장작불 지피면서
얼어붙은 날을 녹이는데

감감한 소식은 와서
눈물 적셔 줍니다

강변에 서서

갈대숲 스산할 때
강변에 와 있어야 한다

설화
꽃처럼 피면
옛날을 불러야 한다

모든 것
잃어버리고
서운한 맘 나눠야 한다

한 때는 꿈으로써
설렘도 많은 자리

하늬쪽 바람 불어
옷깃을 여미거니

'혹' 하고 찾는 이 있을까

서운한 맘 지울 수 없다

불모의 성

강물의 깊이를 몰라
높은 산에 오릅니다

산풀의 속뜻을 몰라
산정에 와 있습니다

풀씨의 속내를 맞고
내 품속을 후빕니다

미친 듯
소리치고서
한 편의 시를 쓴다

골깊은 음지에서
조금씩 길을 찾고

비정한 불모의 땅에
한 포기 풀을 이식합니다

장항 모래찜

저 푸른 솔밭인가
세월 여민 자리인데

성근 모래 찜
온 몸을 어리면

가난에 찌든 삶이사
닦아 내고 있었다

얼마쯤 물어 봐야
삶의 길이 보일건가

회억의 갈기마다
흩뿌린 상흔이 젖고

쭈그린 삶의 형상이
뼈마디를 후빈다

그리운 사람 · 1

꽃철 지난 날에
꼭
한 번은 찾아오지

강물
넘치듯이
그렇게 박동치듯이

목줄기 빈곤한 떨림
빈 뜰을 쓸었지

그리운 사람 · 2

등 뒤로 다가와서
언제나 놀라게 하고

끝내는 그리움만
남겨두고 떠나는 것

희미한 달빛 그림자
그 속살만 살찌우나

사뭇
서성여도
마주친 것 시름인데

꼬옥 닫힌 문
그 틈으로 달빛 젖고

여태도 머문 것인가
열꽃만 나뒹군 길

그리운 사람 · 3

구겨진 날을 두고
놀래워 하고 있습니다

그냥 떠나는 것이
서러워서 떨고 있습니다

천천이 밀리는 속살
눈부시어 오열합니다

까마득한 날
잊었는데
바람 젖어 있고

소중히 가꾼 사랑
보내고 난 자리인데

제 혼자 서러운 날을
불러 보고 있습니다

그리운 사람 · 4

빛이거라
빛떨기거라
목 놓아 오는 사랑이거라

길다란 숨마디
더디게 떨리거라

목숨이 사무친 강을
건너가서 놀거라

갈증이 심하거든
바람이라 쓸면 한다

여울물 흐들대면
같이 소리치면 한다

뼈마디 스미는 삭막
쓸고 있으면 한다

난초 곁에서

티없이 맑은 기상
휘느린 자리라 했다

인고의 삶을 잡고
숨 죽이듯 뿌린 빛살

설화가 더디 피는 날
조용히 설렌다 했다

맑고 곧은 줄기
여럿이 얼리면서

온 몸을 가늘게 늘여
문득
얼리는 정

뉘 있어
지나간 날을

두고 두고 그리는가

이별 연습

미친 듯
날뛰는 것
그러나 떠났습니다

아무 것
남김 없이
웃음조차 쓸어갔습니다

참 많이 울고 싶을 때
바람은
먼저 붑니다

간 밤에 설친 잠 끝에
후조울음 입니다

허공 짚고 나르는 것
비파의 선율인데

한번은 불러야 할 노래
목이 아파 옵니다

오동도 정물

가다가 눈에 걸린
정화로 타오른 빛살

찬바람 여미면서
파도 소리 넘겨보면서

강물에 젖은 선혈이
처얼철
넘쳐 있구나

산이라서
너그러움
한테 얼려 놓고

물이라서 낡은 것
씻고 흐르거니

아슴한 꿈의 이랑에

불꽃놀이 흔건타

백설 앉은 가로수

가로수 등허리 타고
하얀 눈 너울댄다

시름겨운 날 두고
때로는 내려 앉고

따뜻한 정이 사무쳐
백색 순정을 나른다

영혼을 잠재우고
살아 온 세월 불러

솜털 보송보송
흰빛 전설을 엮고

행렬도 구성지구나
천사들의 자태구나

매화

학처럼 고결하게
목숨의 갈기 드리우고

설향내 묻어난 뜰
청결한 몸 두고

한 겨울 지새우다가
정한 숨 모은다

이른 봄 양지녘에
그윽한 향 뿌리고는

안개 피어 오른
사이사이 돋은 뜻

그 무슨 사연을 들고
들려주자 했던가

꿈자락

너무 고운 자태여서
그 자리
재촉할 수 없다

먼 발치에 서서
풍물을
울려대도 좋고

꽃사슴
뿔 끝보다는
잘 조각된 풍정만 본다

우아한 빛일 수록 먼 거리에서 보자
그 빛, 빛무늬 숨어서 보기로 하자
흙내가 토방에 오를 때
그리움 두고 키우자

그대로부터

그대 이름을 부르노라면
그대의 사랑,
내 가슴에 있네

그대 사랑에 취하면
꽃밭
꽃여울 도타웁네

사랑의 모퉁일 돌아
더디더디
돋는
빛

물줄기를 두고

몇 번을 굽이쳐
돌아서
돌아서 오나

수평선 가로 질러
남향의 빛살 추스리다

끝내는 잃어버린 전설
불러 대고 있었다

품에 안길 정을 잃어
무작정 헤매이다

끝간 줄 모르고
사무침만 넘치는데

오욕의 기막힌 욕정
훑아내고 있었나

달빛

하얗게
하얗게 서린
휘감는 그리움을

다가가 맞잡고서
밤새 나누며는

별자리 맑은 풍광이
홰를 치고 노닌다

삶

찰나는 순간인데
연락으로 다스리자

삶은 꿈일진데
영혼과 같이 다스리고

한 생명
귀한 약속을
두고 두고 다스리자

꽃밭

풀섶 헤쳐가면
욕망으로 다진 빛살

더러는 수줍음 두고
더러는 열꽃을 털고

그렇듯
빛난 유적이
사랑으로 웃는다

묶음다섯

歸路

강줄기 유감

강기슭 돌맹이 하나
옛 자취 떠 담고 있다

소리가 소리를 몰고
물은
그래서 울고

세월이 하도 서러워
물새가 딸국질 한다

산빛 소묘

채색 짙은 은무리
개울물에 떠 내리고

소원도 사랑의
주문,
그 끝자리에 돋은 빛

골짜기
산청청한데
고삐 잡아 끄신 정

歸路

따라 갈 길이라면
손 잡고자 해야 한다

힘들고 고달파도
숙명의 끈 잡아야 한다

손꼽아 기다리어 온 자리
간곡함 두고 불러야 한다

꼭 맞이하자
찢긴 상흔을 풀어도 좋다

저 빛깔
저 물상
황홀한 것 얼리거니

끝내는 노을빛 떠오르면
눈물로도 얼려야 한다

꿈의 근원

한 번도 본적이 없이
바쁘게 지난 날

해질녁 포도밭에
주렁한 포도알 보면

저 빛깔,
황홀한 품속
겨우 겨우 잡힌다

얼마나 지난 뒤에
만난 생명인가

얼마나 지난 뒤에
끓어 안는 해후인가

전신을 어루고 있지만
피멍으로 젖은

몸

슬픈 사랑 · 1

눈물을 지핀 밤은
많이도 행복하다

사랑이 잠긴 자리
상흔이 열쇠를 풀고

성근 별 하도 고와서
흩뿌린 꿈이
허옇다

슬픈 사랑 · 2

만날 듯
먼 거리엔가
단숨에 몰아치는 것

흐느낌도
회한도
한스런 속삭임도

무거운 침묵 안으로
솟구쳐 흐르는가

피맺은 연륜이사
꽃떨기 지듯
사무치고

지긋이 되씹으면
아픔만 질컹대는데

맺힌 듯
아득한 숨결
연화처럼 날린다

바위

묻어 둔 넋살 하나
꺼 내고 싶은 자리

시간을 비껴 서서
바윗돌 얼리면은

속뜻이 푸른 풀 돋듯
새록새록 노닌다

이끼 낀 세월의 끈
휘감긴 자리거니

난잎 하나 지피면서
삶의 흔적 흩뿌리고

고난의 길을 묶어서
침묵으로 있는가

야상

그을린 그림자
저만치서 서성이고

노을로 걸쳐 떠는
싸늘한 뜨락인데

시간도 세월도 같이
길을 떠나 가는가

맨 처음 혼자듯이
정갈한 맘 갖자는데

엉키고 할퀸 자리
상흔이 베인 자리거니

무정한 밤별이 뜬다
그림자 길게 떨겠다

별리

말갛게 바랜 영혼
같이 울
사람이 없다

비늘 한 조각
한 조각마다
허망의 더미인데

노을은
빼앗긴 뜰
그 뒤란으로 내린다

누구도 오지 않는
자리
노래만 남았는데

노래는 자유를 잃고
빈사의 하늘을 돈다

눈물은
눈물다워야
아름다운 아픔이다

회한의 세월

잃은 것
궁그리면서
무던이 애쓰다가

어느 틈에 발견될까
그렇게 소원하면

농부의 밭갈이처럼
씨를 뿌리게 되겠지

채곡채곡 쌓인 것
빼앗긴 서러운 삶

여물어 터지는가
그것이 회한인가

혈흔이 흔건히 젖어
열화처럼 타겠지

산정

고난의 수레를 끊듯
더디더디 오르는 산

구름 한 점
가까이
와서 몸짓하고

허기진 잔풀들만이
손짓하며 떨던가

한 시절 부르면서
또 그리움을 나누면서

가만이 마주친 정
가까이서 나누면서

천번도 되새긴 뜻을
찾으려

산에 올랐다

비탄의 삶 · 1

핏꽃 번진 목숨으로
매달린 울음이었다

허리 꺾인 세월의
마지막 신음이었다

간절히 희구해 보지만
허망의 덫에 채인 것

성애가 쌓인 자리
경악일까
놀래움일까

구겨진 생각의 뒤란
신음소리 질천한데

추락한 난간 쪽에서
새는

아직 울고 있다

비탄의 삶 · 2

서리 서리 얽힌 사랑
차라리 통정할까

눈물로
애원으로
속살을 들여밀까

불씨가 타오를 때까지
갈망하고 있을까

찢긴 것
주워 모아도
산화하는 사랑인 것

민들레
제 혼자
후들대고 있듯이

뱉어낸 핏방울 소리
낙수지듯
홍건타

황홀한 사랑

밀방에 들어서면
풀각씨
손끝이 고와

휘감긴 빛딸기
황홀히 채화되고

비밀이 묻어둔 약속
갈채듯이
넘친다

고향정취

거슬러 올라가면
어디선가
속삭임인데

미세한 떨림이사
유장처럼 풍물지고

여럿이 나누던 정이
문간방을 흔든다

탱자 나무 울타리에
걸려 떠는
연의 꼬리

포기진 꽃두렁에
향기처럼 어리는 것을

담아도 도타운 정이

구들장처럼
따숩다

유자

물보라
유향을 깔고
따스함 풀풀 날리고

과일즙 씻어내듯
도타운
정 나른다

참으로 가슴 저밀까
동화 한자락
그 꿈도.

무심천

보리밭
파란 빛살
쓰다듬는 세월이 오면

물 위에 떠 노는
오리처럼 즐거울 건데

균혈이 심한 상심을
끌어 안고 있구나

내사 달랠 수 있는
비밀의 통로에 서서

지각없이 날뛰고 온
세정을 겁지르면

꿈자락
뱀의 또아리처럼

엉켜붙고 있었다

한방울의 눈물

가끔은
낡은 기억도
사랑이 묻혀 건져 본다

쌓아 안고 그리워 하면
내 모자람도 닦아내고

한방울 눈물을 키워
끈질긴 사슬 끊고 싶다

까닭도 모르면서
시기와 투기를 하고

얼룩진 삶의 투정
신음으로 다스리면

손가락 마디마디가
따뜻하게 저려온다

고향을 그리며

바다의 냄새
스민
생각의 언저리인데

한자락 붙들며는
열망으로
타오른 줄기

허망의 종자 하나가
독백처럼
서글프다

호숫가
양지녘에
포기진 연꽃 무리

맞잡아 띄운 빛이
치달아 오르드니

말갛게 앙금을 긋고
비늘을 터는
자리여

정의 길

갈망의 날을 두고
더디 가는 강물아

채근 대어 온 외길로
구름 때 몰려간다

포근한 너울 속으로
텃논길에 들어 선다

잠언을 외우고
패인 자리에 서면

끝없는 방황이
이제 막 끝나는데

그 때를 잊을 수 없는
꿈의 아슴한 길을 본다

| 작품해설 |

시적 이미지와 심성心性의 표현

- 신길수 제10 시조시집 『歸路』

채수영 | 시인 · 문학비평가

| 작품해설 |

시적 이미지와 심성心性의 표현

- 신길수 제10 시조시집 『歸路』

채수영 | 시인 · 문학비평가

1. 시조--푸른 이름 앞에

민족정신을 이어온 시조는 왜 장구한 생명력을 누리는 걸까? 다시 말해서 고려중엽이후 지금까지 시조라는 명맥을 이어오는 인자因子는 시조가 그만큼 우리의 성정性情을 장악하는 요인이 잠재되어있기 때문에 명맥을 유지하는 이유가 될 것이다. 물론 내용과 형식의 결합이 주는 당위성이 생명의 장구성과 같을 것으로 생각한다. 내용에서는 시로써의 압축성이 주는 매력과 형식에서 우리민족성과 일치하는 인자의 결합성은 곧 시조가 훌륭한 민족의 대표성을 갖기에 적합하다는 논리 앞에 선다. 기실 3장6구 45자 이내의 시조는 서양의 소네트나 한시의 절구絶句와 비견할 수 있을 것이라면, 인간의 정서 긴장에 따른 균형을 유지하는 적합성이 있다는 암시가 될 것이고, 이런 총체성은 곧 시조가 우리의 감수성을 대변하는 언어 탄력성을 위시해서 가장 적합하다는, 결론에 이를 때 생명의 장구성을 이해하게 된다.

그렇다 시조는 우리 민족의 대표성-- 하이쿠가 일본인의 정서를 나타내는 것이라면 시조는 우리민족의 정서를 가장 극명하게 대표하는 이름이다. 그러나 현대의 시조는 정체라는 공간에 머물고 있음은 가락위주의 시절가조에서 현대시의 의미창조의 특성과 견주는 이유 때문에 위축 내지는 정체의 시간을 보내고 있음은 변명의 여지가 없다. 아울러 음풍농월의 자연 칭송의 때를 벗어나는데서 현대시조는 갈 길을 재촉하는 숙제 앞에 있다. 그러나 숙제를 풀기위해서는 끝없는 시련의 언덕을 넘기 위한 정신의 강고성과 맞닿아야 한다. 시조는 아직도 푸른 밭을 일구어야할 사명이 있음은 5.7.5의 17자로 세계적인 명성을 얻는 하이쿠를 숙고할 필요가 있기 때문이다. 아울러 우리 문학의 간판은 시조에서 길을 찾아야 하는 명제 앞에 있다는 현실을 직시할 필요가 있다.

신길수의 제 10시조집 『귀로』의 대체적인 특성은 자연과 관념의 두 갈래에서 다시 세분되는 의식을 엿볼 수 있다. 즉, 강물(물)로 유동적인 의식을 담는 시들이 대다수를 장악하고, 꽃과 산 등의 자연소재의 시와 꿈과 사랑, 고독, 삶 등 일상에서 만나는 관념 -- 두 개의 기둥축을 형성하면서 시적인 특성이 내장된다.

2. 의식의 밭을 바라보면서

1)자연

자연은 시인에게 다가오는 가장 친밀성의 이름이다. 왜냐하면 사람의 생활 터전의 공간이면서 삶의 현장성을 실현하고 설계하는 구체적인 공간이기 때문이다. 아울러 자연을 떠나서는 자기를 의식하는 일이 실현할 수 없다는 것을 잘 알기 때문에 시인은 자연의 환경에 적응하면서 그 소감을 시화詩化하는 길을 만들게 된다. 더불어 3차원의 자연에 머물면서 4차원의 이상공간을 염원하는 일이 희망이자 꿈의 길을 개척하는 일--이 구체적인 공간을 살면서 그 애환을 의식의 숲으로 치장하려는 발상이 시적 전개양상이 된다.

a)유동의 강 혹은 물의 이미지

신길수의 시에 가장 흔한 비유는 물로 시작된다. 이는 먼 공간을 찾아가는 이동의 뜻이면서 생명의 구체적인 에너지를 공급하는 파이프 라인으로의 상징성 때문에 절실성의 이미지로 나타날 수 있다. 「명상시첩」에 눈물(물)을 위시해서 고향으로 흐르는, 「가을 산가」, 「환상연습1. 2」, 「비탄의 강」, 「섬진강」, 「만경강의 꿈」, 「강」, 「강변에 서서」, 「물줄기를 두고」, 「강줄기 유감」, 「정의 길」 등엔 물의 이미지가 시의 행로를 이끌고 가는 구체적인 역할을 감당-- 이는 시인의 정서가 어떤 경로로 이동하는 가를 암시하면서 시적인 표정을 관리한다. 눈물은 정서의 특성을 보여주는 순수의 물이 되고 산을 휘돌아가는 강물은 자연의 아름다움을 나타내는 정서로써 시인의 내면과 상통하는 이동의 매개체가 된다.

시인이 시를 쓰는 이유는 자기 카타르시스라는 정서의 순화기능과 의도를 성취하려는 발상에서 목적의식을 구체화하기 때문에 의도에 적합한 이동의 수단을 갖는다. 다시 말해서 목적지에 도달하기위해서는 나룻배를 타고 가는 방법이나 비행기 혹은 버스로 이동하는 선택의 기구가 있어야 한다면 신길수는 물의 이동을 통해 스미듯 목적지에 다가가려는 발상을 갖고 있다. 물--바다가 아니라 조용한 산골 물이거나 강변, 강물 등 우람하고 소리 큰 것이 아닌 조용한 정적靜的 흐름이 시인의 성품--비탄이나 슬픈 고독의 모습과 상관이 있다.

한떨기 미소처럼
돋은 꽃처럼

한달음에 달려가서
물이랑
물빛을 띄워

포근한 품안 열고서

쓸어안고 싶구나

가다가 피곤한 얼
여기 씻으면 된다

놀빛
떠 오르면
그냥 서성이면 된다

사는 것
서러워지걸랑
그냥 와서 거닐자

-「강」

「강변에 서서」,「강」,「물줄기를 타고」,「강줄기 유감」,「만경강의 꿈」 등은 실제의 강이 시적인 모티브가 되어 시인의 의식을 이동하고 있다.「강」은 신길수의 시적 정서뿐만 아니라 그의 심정을 요약하는 듯한 감성을 보이는 작품이다. '미소처럼' '꽃처럼'의 직유에서 시인의 정서는 어딘가 목적지를 향해 한달음에 가고 싶은 의도를 나타내면서 '포근한 품안'에 정착하고 싶은 소망도 드러난다. 이는 소요逍遙의 유장한 의미가 되는가 하면 '포근한'이라는 따스함에 대한 열망이 앞서기 때문에 '피곤한'이 앞장서 드러난다. 그러나 급박한 것이 아닌 황혼 무렵에 '서성이면 된다'에서 사는 것의 피곤이 오히려 위안을 받을 수 있는 강물 앞에 시인은 스스

로를 투기投棄하면서 위안을 얻게 되는 이치를 발견한다.「강변에 서서」를 보면 시심詩心의 진행이 어디로 향하는 가를 쉽게 발견하게 된다.

갈대숲 스산할 때
강변에 와 있어야 한다

설화
꽃처럼 되면
옛날을 불러야 한다

모든 것
잃어버리고
서운한 맘 나눠야 한다

-「강변에 서서」에서

'스산할 때' 와 '옛날을 불러' 그리고 모든 것을 버리고 '서운한 맘 나눠야 한다' 의 순서로 보면 강물에서 얻는 위안은 단순한 이동의 기능뿐이 아니라 오히려 울적과 아픔과 삶의 자잘한 것들에서 얻는 고통을 소화하려는 의도가 보이기 때문이다. 시인의 정서를 이동하는 것은 시를 쓰는 목적과도 일체감을 교감하는 역할이「만경강의 꿈」에 이르면 보다 명료하게 구체화되고「섬진강」에서는 '흐느낌' 으로 시인의 정서를 표현하는 걸로 보면 물이 시인의 정서와 일체화를 이루면서 미래로 다리를 놓으려는 발상--「강줄기 유감」에서는 세월의 깊이를 바라보는 유장悠長한 토운이 자리한다.

또 다른 물의 특성은 관념의 높이를 찾아 이동의 이미지가 드러나는 것으로 「노래」는 보다 선명한 뜻을 내포한다.

구름도
돌돌 말고
새파란 꽃잎도 보고

사무침이 덧나거든
차라리 아픔으로

흘러간 세월을 물어
노랫가락에 얹는다

모처럼 손잡고 싶어
부르는 사람을 두고

떠난 것 탓하면서
콧노래 부르지만

해질녘 언덕 저 편에
비는 내리고 있구나

-「노래」

'비'의 이미지는 생명을 환기하고 또 모든 생물을 키

우는 본질이라는 점에서 통일된 느낌을 생성한다. 노래로 흘러가는 시심이 비로 내리면 그 비는 다시 구름이 되고, 구름은 다시 비가 되어 땅으로 내리면 불가에서 말하는 윤회의 업을 실천하는 뜻이 담겨진다. 물론 「노래」의 비는 실제의 비가 아니라 시인의 내면에 자리한 물기--슬픔같은 정서가 승勝한 것도 사실이다.

한 잔 술 기울이면
사랑으로
그대 얼굴을 담자

조각진 달그림자
따라가
잡아도 보자

한 밤의 시름진 연주도
감치도록 풀어 놓자

강을 건넜을까
바삐도 가는 세월

꽃물 젖어 붉었는가
깊은 밤 지새는 사랑

선술집 창 틈 사이로
비는
주룩주룩 내린다

-「명상시첩 · 1」

다소 형이상적인 느낌의 시조다. 그러나 술이 사랑을 찾아가는 안내의 역할--의식의 문을 여는 이미지로 작용하면서 '그대'라는 대상을 불러오는 역할을 수행한다. 아울러 '따라가' 잡을 수 있는 용기를 앞세워 '시름진 연주를 풀어 놓자'는 청유의 권고에 따라 세월의 이미지가 빠른 회상으로 돌아서는 장면이 사랑과 상통하게 된다. 물론 즐거운 정서가 아니라 무겁고 시름겨운 일로 비는 '주룩주룩'의 시인의 마음을 대변하면서 내면으로 흐르는 눈물과 손을 잡게 된다. 「환상연습 · 1, 2」, 「비탄의 강」, 「정의 길」, 「가을 산가」 등은 물의 이동을 통해 시인의 정서를 표현하는 매개체로의 수행을 다하는 모습을 볼 수 있는 시들이다.

b)꽃의 향기 혹은 승화

아름다움으로 꽃은 사랑을 획득하고 향기로 고귀함을 나타내는 의미를 가지면서 항상 신선한 자리를 정좌한다. 또한 일시적인 생명의 공허를 의미하는 상징일 때, 화무십일홍花無十日紅의 비유 앞에 머문다. 아울러 꽃을 장식으로 쓰일 때는 화려한 인생의 정점이나 슬픔의 극치를 의미하기도 한다. 결혼식에서의 꽃은 화려한 상징이고 장례식에서의 꽃은 영원한 이별을 전별하는 뜻이 된다.

설마 잡을까
두려운 이야기 두고

온몸을 붉히면서
묵묵히 바라보면

별 하나
꽃속에 스며 있구나

보랏빛 연서를 보낸
제 순은의 빛살인데

산자락 쓸고 내려
화려한 춤이거니

사랑이 갈수록 깊이
붉게 타고 있구나

-「산꽃 서정」

꽃이 별로 승화하고 다시 사랑의 이름으로 붉게 타는 이미지가 다가온다. 꽃의 승화는 향기를 대동하기 때문에 고귀함의 뜻이 숨겨지고 이는 시적화자의 마음을 동화하는 뜻도 담겨진다. 아울러 백색--신길수의 시에는 백색의 색채가 마음의 정갈 혹은 순결성을 암시하다. 이는 붉은 이미지를 대동하면서 시심詩心의 고귀성을 꽃으로 포장하는 기대치를 수행한다. 결국 신길수의 꽃은 사랑의 깊이를 상징하는 길을 확보하기위해 진실을 나타내는 기법이 된다.

희디흰 마다마디
꽃은
홍건히 젖고

한꺼번에 피우는 꽃
제 몸을 태우는데

뜰마다 별이 앉는다
햇살도 고인다

-「꽃과 사랑」에서

연작시의 2연이다. 전연을 붉은 이미지로 포장하고 2연엔 백색으로 별과 대칭적인 비교를 하고 있다. 특히 '홍건히 젖고' 의 젖음에서 시인의 진정성은 햇살의 밝음과 연상 작용을 갖게 된다. 이 처럼 꽃이 신길수의 마음을 표백하는 기능 때문에 향기와 고귀함이 어울리면서 시인의 정서를 표현하는 점이 특이하다.

설마 잡을까
두려운 이야기 두고

온 몸을 붉히면서
묵묵히 바라보면

별 하나
꽃 속에 스며
반짝이고 있구나

보랏빛 연서를 보낸
저 순은의 빛살인데

산자락 쓸고 내려
화려한 춤이거니

사랑이 갈수록 깊이
붉게 타고 있구나

-「산꽃 서정」

시는 동일성--대상과 시인이 하나로 결합하는 기술이 통합될 때, 시의 얼굴은 비로소 완성의 이름을 획득한다. 붉은 산꽃이 별과 결합하여 사랑의 붉음이라는 진정성에 이르면서 화려한 춤--사랑과 붉음이 하나로 결합할 때 나타나는 홍겨움이 사랑의 완성을 암시한다. 이는 '타는' 에 도달하여 너와 나의 구별이 없는 경지에 이르렀음을 의미하기 때문이다. 시에 일체화는 너와 나를 나누는 것이 아니고 전혀 별개의 존재로 나타나는 경지를 의미한다. 시의 감동은 이런 경지에 이를 때, 비로소 독자의 마음을 방문하는 즐거움이 다가온다는 뜻이다. 신길수의 꽃은 화려한 색채--보랏빛과 흰색과 적색의 조화가 빚은 순수한 자연의 모습이 꾸밈이 없는 경지에 이를 때 아름다움을 채색한다.

c)색채와 산

색채는 마음에서 작용하고 또 마음을 나타내는 점에서 시인의 내면을 그리는 작업이다. 신길수의 시에 백색은 시인의 마음을 나타내는 상징의 기교로 보인다. 물론 1차 상징과 2차 상징을 합하면 그의 시에 상당한 분량이 백색으로 나타난다.「달 · 1, 2」,「옛 자리 · 2」,「삭막한 길」,「겨울 동산」,「백설 앉은 가로수」,「달빛」 등 상당한 양의 시조에 백색이 등장한다. 이는 시인의 정서에 자리잡은 발언이라는 가정으로 보면 그의 성품과 정서의 방향이 어떤 공간으로 지향하는가를 짐작할 수 있는 심리학적 판단이 가능해진다. 순수를 지향하고 아름다움에 탐닉하는 정서의 특성과 꽃을 좋아하되 그 색채는 순수 앞에 마음을 내려놓는 성격이 붉음과 백색의 대비를 즐겨하는 점에서 신길수의 감수성은 여린 듯하다. 달과 별을 많이 등장시키는 연출의 면모도 이런 현상을 반영한다. 왜냐하면 달보다 해를 좋아하는 사람의 심성은 전혀 다르기 때문이다.

하얗게
하얗게 서린
휘감은 그리움을

나가가 맞잡고서
밤새 나누며는

별자리 맑은 풍광이
홰를 치고 노닌다

-「달빛」

백색과 그리움이 하나로 결합하면 그 순수의 면모는 아름다움을 연상하고 이는 안개 속에 나타나는 반가움 같은 이미지를 연출한다. 이런 즐거운 마당에 별들이 축하의 눈빛을 반짝이면 '홰'를 치는 일이 흥을 북돋우는 풍경으로 돌아간다. 이는 시의 무대가 백색으로 공간을 장악하고 여기에 별이 나타나는 그리움의 무대라는 상상이 소담한 전원의 정서를 바라보는 느낌이다. 기실 신길수의 시에 정서는 도시적인 감성보다는 전원정서가 주류를 이루기 때문에 백색이 앞장 서는 느낌이 고아高雅하게 전달된다.

지는 달 그림자 늘여
박꽃 희거니와

문명이 텃밭에
와르르 밀린 태고

조락의 빛무더기가

사슬에 묶여 있더라

-「옛 자리 · 2」

달 그림자와 박꽃이 문명의 공간을 떠나 순진하고 질박質朴한 농촌의 어느 한 부분을 연상하다. 달빛의 은은함과 박꽃의 조화는 빛 무더기가 쏟아진 한적함을 맛보는 인상--현대인이 망각했던 순백의 유토피아를 방문하는 상징의 옷을 입었다. 이는 시인의 마음이고 시인의 정서가 '꿈' 으로 시를 쓰는 이유에 해당할 지 모른다. 꿈이라는 시어가 많은 것도 색채의 순정을 찾아가는 길과 다름이 없기 때문이다.

「산길을 오르며」,「소라산 풍경」,「산빛 소묘」에 산은 높은 것도 아니고 그렇다고 동산도 아닌 산의 이미지가 등장한다. 이런 현상은 시인이 살고 또 살아온 삶의 모습과 연결된다.

사념의 색등을 켜고
서둘러 출범하자

무엇이 외로운지
심령을 공글리자

달래고
닦는 마음을
정갈하게 가꾸자

-「산길을 오르며」 중 1연

'외로움' '마음 정갈' '삶을 가꿈' 이라는 시어가 중심을 이루면서 시인의 정서와 대화의 통로를 연결한다. 외로움이 등장하는 것은 비탄의 의미이기보다는 시적의도의 편차가 그쪽으로 기울어진 정서로 보이고, 그리움의 막연함을 보조하는 역할을 한다. 이 모두의 암시는 결국 삶의 문제 앞에 '천연한' 이라는 수사로 마무리된다. 꾸밈이 없는 생이야 말로 아름다움의 본질이기 때문이다. 산을 오르는 고통이나 산에서 인생의 깊이를 찾아나서는 고행보다는 산이라는 막연한 대상에서 삶의 문제를 의탁하는 정서가 승한 것도 귀로歸路를 찾아가는 인생의 목적에 초점을 맞추는 비유의 인상을 준다.

d)삶과 고독 그리고 꿈

인간은 살아있기 때문에 그 벌판을 배회하는 여정이 있고 여기서 꿈을 찾는 희망이 설정되면서 내일로의 길을 찾아 나선다. 때문에 꿈과 삶은 분리되는 것이 아니라 하나의 공간에서 나타나는 이름일 것이다. 고독이라는 직접적인 시어는 없지만 「그리운 사람 · 2, 3」에는 그리움을 찾아 고독의 행보를 보이는가하면 --질축하거나 애타는 고독은 아니다. '제 혼자 서러운 날을/불러 보고 있습니다' 와 같이 '혼자' 라는 상징의 시심이 드러나는 고독이다. 꿈이 나타나는 것은 고독과 삶의 고단이 어우러지면서 나타난다. 왜냐하면 만족과 여유에서는 꿈꾸기 보다는 망각으로 사는 경우가 흔하기 때문이다.

꽃들이 피어난 곳
다소곳이 기웃대면

뜻모를 속삭임이
발을 짜 느리는데

지향도
지표도 세워
큰 강을 열으랴

-「꿈의 자리 · 2」

아마도 꿈의 막연함이 자리하고 또 꿈의 지향점이 허망을 찾기도 한다. 「잊어버린 꿈」에서는 눈물과 망각과 허망이 드러나고 「꿈의 근원」에서는 '피멍으로 젖은/몸'의 부정적인 시어가 등장한다. 이는 생의 문제에서 파생된 장애요인일 수도 있고 삶에의 숙고가 해결점으로 찾아가는 높이에의 좌절감이 될 수도 있을 것 같다. '삶은 꿈일진데/영혼과 같이 다스리고' 「삶」에서 꿈과 삶의 문제를 동시에 바라보는 시선이나 「귀로」나 「회한의 세월」, 그리고 「비탄의 삶 · 1」에서 그런 해답을 찾게 된다.

핏꽃 번진 목숨으로
매달린 울음이었다

허리 꺾인 세월의
마지막 신음이었다

간절히 희구해 보지만
허망의 덫에 채인 것

성애가 쌓인 자리
경악일까
놀래움일까

구겨진 생각의 뒤란
신음소리 질천한데

추락한 난간 쪽으로
새는
아직 울고 있다

-「비탄의 삶 · 1」

새가 시적화자일 것이라면 '신음'과 '허망'의 덫에 걸린 신음으로 울음을 우는 새라는 말로 정리된다. 이는 고단한 현실을 암시하고 이런 이유 때문에 신음으로 놀람이 드러난다. 때문에 시인이 꿈꾸는 것은 고독의 숲에 들어 방황하는 인상을 풍기게 된다. 시는 마음을 나타내는 온도계이고 현실에 반응하는 체온이기 때문이다. 아울러 「회한의 세월」 때문에 「귀로」를 재촉하는 발걸음에 서글픈 이유가 따라가는 느낌을 주는 이유이기도 하다. 물론 그 속내는 시인이외엔 알 길이 없다는 점에서 표현된 비유의 한계를 절감하게 된다.

e) 사랑

시는 본질적으로 대상을 사랑하는 마음을 펴 보이는 길찾기 일 것이다. 때문에 사랑의 대상은 비단 인간만이 아니라 산이나 바다 혹은 자연의 꽃이나 무생물의 바위에 이르기 까지 시적인 대상으로 물활적인 방법으로 살아나게 하는 기교-- 이는 비유라는 절차를 통해서 시인의 의도를 집중하게 된다.

꽃빛
타 올라라
핏자국도 남기거라

불꽃처럼
궁그리며
속살 들어내거라

현란한 빛깔기 따라
골골마다 덧내거라

-「사랑에게」

명령하는 '거라' 형의 사랑 강요이다. 물론 사랑의 진정에 이르기 위해 '핏자욱' '속살' '현란한 빛살' 을 덧내거라의 명령에는 사랑을 이루기 위한 시인의 요망이 절절해진다. 아울러 '불꽃' '현란한' 을 더하면 열정의 사랑을 요구하지만 실제로는 도달하지 못하는 염원이 시어에서 나타난다. 이는 드러난 요구가 아니라 안으로 감추는 사랑의 모습과 유사하기 때문이다.

길고
오랜 날
물빛
유장한데

고요가 엎드린 자리
가만히
웃는 사랑

물굽이 굽이쳐 온다
피리 소리로
울어 온다

-「숨어서 우는 사랑」

왜 숨어서 울어야 하는 이유는 알 수 없다, 그러나 '고요가 엎드린 자리' 라는 정적인 현상에서 사랑의 행로는 드러나는 것 보다 안으로 감추면서 꽃 피우려는 의도가 보인다. 때문에 물굽이 따라 다가오는 가락의 여백에 사랑의 의미는 강조되는 기교가 숨어있게 된다. 이는 '그대 이름을 부르노라면/그대의 사랑,/가슴에 있네//그대 사랑에 취하면/꽃밭/꼬여울 도타웁네//사랑의 모퉁일 돌아/더디더디/돋는/빛' 「그대로 부터」처럼 은근미를 자극함으로써 시적 무드는 안온함을 찾아가는 사랑의 방랑인 셈이다.

3. 에필로그

시는 시인의 정서를 고백하는 숲을 만드는 일이라면 신길수의 고백은 은근하고 안온함을 찾아나서는 시조를 쓴다. 내용과 형식의 절제는 이지理智의 도움을 받아야 하고 표현미는 언어의 탄력을 갖추어야만 시조의 맛은 살아날 수 있음에서 시인의 몫으로 돌아가는 이름일 것 같다. 물의 이미지가 이동의 촉매와 목적지에 이르는 기능을 다하면서 꽃의 개화에 헌신하는 인상을 준다. 백색이 많은 것도 신길수의 마음을 표백하는 고백의 수단이면서 꿈과 삶의 조화를 위해 사랑을 기다리는 심성의 시조를 위해 그리움의 언어를 바람에 날리는 표정의 시인이다.*